AF220223

Die
Opferfeier

in der
freien christlichen
Fassung
Rudolf Steiners

Kurzfassung
mit der
originalen Handschrift
Rudolf Steiners

Die Opferfeier
in der freien christlichen Fassung Rudolf Steiners

Kurzfassung
mit zusätzlich der originalen Handschrift Rudolf Steiners

Herausgabe, v.i.S.d.P. , © ,
Zusammenstellung, Bearbeitung und Layout :

Dr. Volker David Lambertz - Förderkreis Forum Kultus
Herrensteig 18, D- 78333 Wahlwies - Bodensee / Helgoland
www.ForumKultus.info

Herstellung und Verlag:
BoD – Books on Demand,
Norderstedt

ISBN: 978-3-7568-8779-8

Ausgabe: Advent 2022

Ohne Gewähr!

Bibliografische Information der Deutschen Nationalbibliothek :
Die Deutsche Nationalbibliothek verzeichnet diese Publikation
in der Deutschen Nationalbibliografie;
detaillierte bibliografische Daten sind im Internet
über dnb.dnb.de abrufbar.
Wir danken der Rudolf Steiner-Nachlassverwaltung
und dem Rudolf Steiner-Verlag, Dornach,
für die Er- und Bearbeitung und Herausgabe
des Werkes Rudolf Steiners!
www.Rudolf-Steiner.com / www.Steinerarchiv.info

De libertate christiana

Die Opferfeier

in der
freien christlichen
Fassung
Rudolf Steiners

KURZ-FASSUNG
mit der
originalen Handschrift
Rudolf Steiners

FORUM KULTUS
Initiative für ein freies,
anthroposophisch + sakramental vertieftes
Christ-Sein heute

EX DEO
NASCIMUR

IN CHRISTO
MORIMUR

PER SPIRITUM SANCTUM
REVIVISCIMUS

Christus

Detail aus der Skulptur der »Gruppe«
Rudolf Steiner

Eine kultische Arbeit
in der anthroposophischen Bewegung
muss aus dem selben geistigen Strom
hervorgehen
wie die Schulhandlungen,
gewissermaßen eine Fortsetzung dessen,
was in Form und Inhalt
in der Opferfeier gegeben war.

Rudolf Steiner
zu René Maikowski (GA 269, S.133)

Die Opferfeier

INHALT

frei + christlich
direkt mit IHM ...

Gott ist die Liebe !
Und wer in der Liebe ist,
der ist in Gott und Gott in ihm.
Wo zwei oder drei
in meinem Namen versammelt sind,
da bin JCh mitten unter ihnen !

Liebe Freundinnen, liebe Freunde
eines freien christlichen Kultus-Weges !

Dunkelheit umklammert unsere Erden-Welt ...
Die Widersacher wollen die Macht über das JCh erlangen
und unsere Göttlichkeit vernichten ...
Aber, wo Schatten sind ist auch das Licht: ER !
Liebe-Licht .. das uns durchwärmt, erleuchtet, rettet.
... ohne IHN werden wir nicht weiterkommen ...

Es gibt viele Wege 'mit IHM in Verbindung zu bleiben' !
Unser Weg ist vor allem »die heilende Arznei:
das Sakrament« !
Als *ein* »spezifisch anthroposophisches« Angebot
vermittelte uns Rudolf Steiner einen - leider allseits
verdrängten - kultisch und sozial zeitgemäßen,
speziell überkonfessionellen, »freien christlichen«,
sakramentalen Kultus-Weg.
Dieser ist nun auch in der *ganzen* S i e b e n h e i t
der Sakramente aufgegriffen,
insbesondere Taufe, Trauung und Bestattung,
vor allem aber das kultushistorisch weitergeführte
Z e n t r a l s a k r a m e n t, die »Opferfeier« .

Der ausführlichen Erläuterung können und sollten! Sie
im Informations-Buch » Die Sakramente...« , s.S.76,
in der kommentierten Fassung »Die Opferfeier...«, s.S.76,
oder in www.ForumKultus.info nachgehen!

Zur Jahrtausendwende wurde dieser Kreis der Sakramente
von uns als »Forum Kultus« (damals »Initiativ-Kreis Kultus«)
wieder erarbeitet, veröffentlicht, praktiziert.

8

Wir sind jedoch nicht die Einzigen, die sich innerhalb
der Anthroposophenschaft um ein *freies,* christliches,
sakramentales Handeln bemühen !

Jedem Seinen Weg!

Deshalb wurzeln wir, als eine anthroposophische,
überkonfessionelle Initiative, in der »Freiheit des Christen-
menschen« eines »ethischen Individualismus«.
Wir stehen in keiner Konkurrenz mit anderen Gemein-
schaften oder Kirchen - erst recht nicht in "Gegnerschaft"
zur Kirche »Die Christengemeinschaft«
(ja, wir sind Verfechter ihrer *ursprünglichen* Aufgabe
[nämlich "Dritter Block" zwischen den traditionellen Kirchen zu sein,
für diejenigen, die neue Wege innerhalb einer Kirche suchen,
aber den Weg zur Anthroposophie *noch* nicht finden, als »Vorschule«
zur Anthroposophie .. nicht aber als "Anthroposophen-Kirche" ...]) **!**

Unsere Initiative wirkt dabei *autonom*
von der »Anthroposophischen Gesellschaft« und der
»Freien Hochschule«, auch wenn *wir* persönlich
in der Regel deren Mitglieder, bzw. Freunde sind.
Denn seitens der *Institution* Anthroposophische Gesellschaft - als einer *interreligiösen* Erkenntnisgemeinschaft -
kann und darf nicht *ein* bestimmter religiöser / kultischer
Weg als *der* offizielle erscheinen, auch wenn der »freie
christliche« von Rudolf Steiner als der »spezifisch anthroposophische« bezeichnet wurde.
Denn Religion und die entsprechende kultische Praxis
sind individuelle »Privatsache« des Einzelnen.

Hoffen und bitten wir,
dass trotz aller Schwachheit und Unzulänglichkeit
die Ideale nicht Utopien bleiben,
und dass wir mutig bereit sind,
wenn unser Schicksal uns aufrufen sollte,
dem Du *auch* sakramental beizustehen ...
geschwisterlich, authentisch, individuell, frei ...
durch IHN, den Lebendigen, den Alle-Liebenden ...
und wir das Not-wendige tun !

Herzlich! Ihr Volker David Lambertz

Advent 2022

www.ForumKultus.info

DIE SAKRAMENTE
in der Darstellung Rudolf Steiners

INDIVIDUALITÄT

1 + Geburt

(Physischer Leib)

Der Empfang -
Kinder-Taufe **/***
(BAPTISMA)

2 + Erwachen

(Ätherleib)

Die Jugendfeier
(CONFIRMATIO)

3 + Wandlung

(Astralleib)

Die Opferfeier *
als Zentralsakrament
(EUCHARISTA)

4 + Rückschau

(Ich)

Die Lebensschau
(Beichte)
(PAENITENTIA)

5 + Tod

Die Sterberituale :
Die Heilige Ölung ****
Die Aussegnung
Die Bestattung
ggf. Die Urnenbeisetzung
Die Toten-Handlung

(Geistselbst)

(EXTREMA UNCTIO)

und der freien christlichen Praxis heute,
der Initiative, freie christliche Arbeits-Gemeinschaft

GEMEINSCHAFT

6 + Christen-
Gemeinschaft

Die **Verbindung**
Die "Priester-WEIHE" *** :
Die Erwachsenen-Taufe
Der Handlungs-Auftrag

(Lebensgeist)

(BAPTISMA - ORDO)

7 + Lebens-
gemeinschaft

Die **Trauung**

(Geistesmensch)

(MATRIMONIUM)

Anmerkungen ➤

Die heilende Arznei : das Sakrament

* Sie steht - als zentrales Sakrament -
an der Spitze der Hierarchie aus zwei Gründen.
Erstens, weil sie die Kraft
des ganzen Christus selbst enthält;
zweitens, weil alle übrigen Sakramente
auf sie zu- und hingeordnet sind.

Alexandre Ganoczy

Anmerkungen zur Übersicht

** Diese Kinder-Taufe ist von Rudolf Steiner ausdrücklich
als 'Empfangskultus für das Neugeborene' konzipiert.

*** So fände die wirkliche Taufe, als bewusstes ER-wachen
(zu IHM erwachte ER-kenntnis) und Bekenntnis, erst im 6. Sakrament statt, und ist damit gleichzeitig Aufruf auch zum ge-
schwisterlichen, allgemein-priesterlich-christlichen Handeln.
Weil jeder getaufte Christ "berechtigt" und aufgerufen ist
"priesterlich" = kultisch/sakramental tätig zu sein
(»allgemeines Christ-Sein« / »Laien-Priestertum«),
ist die mündige und bewusste
»Erwachsenen-Taufe« gleichzeitig »Priester-Weihe« .

**** »Sakrament« innerhalb der Sterberitualien
ist die »Heilige Ölung«!

Die Quellenangaben
(aus der Rudolf Steiner-Gesamtausgabe)
finden Sie direkt am Schluss des jeweiligen Sakramentes.

Zur folgenden Wiedergabe der Texte Rudolf Steiners

Wie früher üblich wurden insbesondere Gedichte / heilige Schriften,
etc. am Zeilenanfang groß geschrieben.
So hatte das auch Rudolf Steiner mit besonderen Texten gehandhabt.
Das führt gegenwärtig immer wieder zu Irritationen und erschwert
den Lesefluss und das Verständnis.
Heute ist -die Optik- des Versanfangs nicht mehr derart wichtig,
dass man ihn unabhängig aller Grammatik groß schreiben würde,
heute ist vor allem (gerade bei solchen relevanten Texten)
das Verständnis der Texte wichtig.
Deshalb ist hier in den folgenden Sakraments-Texten
die Großschreibung des Zeilenanfanges zugunsten der Verständlichkeit
zurückgenommen und folgt der aktuellen Grammatik.
Wenn Sie sich dennoch informieren wollen,
wann Rudolf Steiner den Zeilenanfang groß geschrieben hat,
finden Sie in den *Quellenangaben* die Originale.

Siehe auch Kap. »Zur Bearbeitung der Texte Rudolf Steiners«, S. 78.
Die Handlungsanweisungen / -erläuterungen sind nicht direkt
von Rudolf Steiner, sondern aus der Praxis der IfcAG, bzw. von VDL.

..wie überall eben
aus dem Lebendigen heraus
das Kultusartige
gesucht werden muss. ...
Etwas Prinzipielles
kann es im Leben der Welt
überhaupt nicht geben,
sondern es kann nur
das sich in Leben Wandelnde geben.

Rudolf Steiner

Arbeitsmaterial zur Kultus-Frage

Nehmet hin dies,
als die opfernde Tat
der Menschenseele.

DAS SAKRAMENT DER
OPFERFEIER

Arbeitsmaterial zur Kultus-Frage

Sie finden auf der *linken* Seite
die Handschrift Rudolf Steiners
(Faksimile der Urnotiz,
siehe GA 269, S. 62-79
und Rudolf Steiner-Nachlassverwaltung:
Archiv-Nrn. NZ 5385-5389.)

und auf der *rechten* Seite
die liturgische Fassung
für die kultische Praxis
(aus der Bearbeitung der IfcAG) .

*Es spricht
den zentrierten Text der in der Mitte Handelnde,
den linksbündigen Text der links Handelnde,
den rechtsbündigen Text der rechts Handelnde
(im Hinblick auf den Altar).*

Opferfeier.

I: Der Opfer-Feiernde (mit den Helfern zur linken und rechten)
steht vor dem Opfertisch, Gesicht nach diesem gerichtet und
spricht:

Christi Taten auf Golgatha
Stehen vor unseren Seelen.

16

DAS SAKRAMENT DER
OPFERFEIER

Folgend die traditionelle Art
- wie vor allem in den Waldorfschulen
und heilpädagogischen Heimen -
original Rudolf Steiner

Die Kerzen
sind durch den links Handelnden entzündet.
Die Handelnden stehen
vor Einlass der Feiergemeinschaft am Opfertisch,
Gesicht nach diesem gerichtet.
Nach dem Einlass öffnen alle ihre Bücher.

(*Der in der Mitte Handelnde:*
  Ggf. Beginn mit ggf. dem Sonnenkreuz (lfcAG) :

In des Vaters Weltensubstanz,
oder   In / Aus der Kraft des Vaters,   (↓)

in des Christus Wortestrom,
oder   in / aus der Liebe des Christus,   (→)

in des Geistes Lichtesglanz.
oder   in / aus dem Licht des Geistes.   (↺)   )

EVANGELIUM

Es spricht der in der Mitte Handelnde
zum Opfertisch hin:

Christi Taten auf Golgatha
stehen vor unseren Seelen.

17

Die Weihe-Stimmung unserer Seelen
Offenbaret uns Christi Taten auf Erden.
Die Verehrung unserer Seelen
Betet zu Christi Menschheitsopfer.
Die Andacht unserer Seelen
Führe in diesen Opferraum
Das Erleben von Christi Menschheitsopfer.

Nach einer Pause spricht der Feiernde weiter:

Der Vatergott sei in uns
Der Sohnesgott schaffe in uns
Der Geistgott erleuchte uns.

Der Feiernde wendet sich um und spricht zur Gemeinde:

Christus in euch

Der vom Feiernden rechts stehende Helfer erwidert:

Und deinen Geist erfülle Er.

Die Weihe-Stimmung unserer Seelen
offenbaret uns Christi Taten auf Erden.
Die Verehrung unserer Seelen
betet zu Christi Menschheitsopfer.
Die Andacht unserer Seelen
führe in diesen Opferraum
das Erleben
von Christi Menschheitsopfer.

Pause

Der Vatergott sei in uns,
der Sohnesgott schaffe in uns,
der Geistgott erleuchte uns.

*Der in der Mitte Handelnde
wendet sich zur Feiergemeinschaft um und spricht:*

Christus in euch.

*Der rechts Handelnde
erwidert in Richtung Opfertisch:*

Und deinen Geist erfülle er.

*Der in der Mitte Handelnde
wendet sich wieder zum Opfertisch um.*

Nun spricht in der Richtung nach dem Opfertisch der von dem
Feiernden rechts stehende Helfer:

Zu dem Vatergotte wenden
Wir unseren Geist.
Er webt in Weltengründe
Er lebt in unserer Menschheit.

Wir sind alles,
Was wir sind
In seinem Sein
Durch seine Kraft.

Zu dem Sohnesgotte wenden
Wir unsere Seele.
Er waltet als ewiges Wort
In Weltensein und Menschenwesen
Wir finden Trost
Für unsere Schwachheit
In seiner Stärke,
In seiner Opfertat.

Zu dem Geistgotte wenden
Wir unseren Willen
Er leuchte in unseren Entschlüssen
Er walte in unseren Taten.

20

Nun spricht der rechts Handelnde
in Richtung Opfertisch:

Zu dem Vatergotte
wenden
wir unseren Geist.
Er webt im Weltengrunde,
er lebt in unserer Menschheit.
Wir sind alles,
was wir sind
in seinem Sein,
durch seine Kraft.

Zu dem Sohnesgotte
wenden
wir unsere Seele.
Er waltet als ewiges Wort
in Weltensein und Menschenwesen.
Wir finden Trost
für unsere Schwachheit
in seiner Stärke,
in seiner Opfertat.

Zu dem Geistgotte
wenden
wir unseren Willen.
Er leuchte in unseren Entschlüssen,
er walte in unseren Taten.

Wir finden Stärke
In unserer Finsternis
Durch sein Licht,
Und Seelenkraft durch ihn
als Geistesforme.

Mit dem Gerichte zur Gemeinde liest nun der zur linken vom Freunde
stehende Helfer ein Capitel aus
dem Evangelium

Vorher aber spricht er:

Mein Herz trage in sich
Das Bewusstsein Deines Lebens
O Christus;

Meinen Lippen entströme
Dein reines Wort
O Christus.
Deine Gnade würdige
mich, zu sprechen Dein Wort
O Christus.

(Evangelien Lesung)

Wir finden Stärke
in unserer Finsternis
durch sein Licht
und Seelenkraft
durch ihn
als Geistessonne.

*Zum Opfertisch gewandt
spricht der links Handelnde:*

Mein Herz trage in sich
das Bewusstsein deines Lebens,
o Christus;
meinen Lippen entströme
dein reines Wort,
o Christus.
Deine Gnade würdige mich
zu sprechen dein Wort,
o Christus.

*Alle drei Handelnden
wenden sich zur Feiergemeinschaft.
Kleine Pause.
Dann spricht der links Handelnde
zur Feiergemeinschaft hin:*

Es wird nun verkündet
das Evangelium nach: …

Siehe Perikopenordnung, S. 62ff.

Der Feiernde in der Mitte spricht mit dem Gebiste zum Opferlich:

Wir erheben unsre Seele
Zu Dir, o Christus.
Dein Evangelium
Als reines Wort
Tilget aus unserm Worten
Was unrein in ihnen ist

Der Feiernde wendet sich zur Gemeinde und spricht,
Christus in euch

Zur VERLESUNG DES EVANGELIUMS
durch den links Handelnden stehen alle auf.

Nach dem Evangelium
wenden sich alle drei Handelnden
zum Opfertisch zurück.

Der in der Mitte Handelnde spricht:

Wir erheben unsre Seele
zu dir, o Christus.
Dein Evangelium
als reines Wort,
tilget aus unsern Worten,
was unrein in ihnen ist.

Nur zu Pfingsten
wenden sich alle Drei
wieder zur Feiergemeinschaft um
zur Verlesung des Pfingst-Hymnus
»Veni creator spiritus«,
durch den in der Mitte Handelnden
und wenden sich danach wieder zurück.
Text siehe: S.51.

Dann, bzw. während des restlichen Jahres
wendet sich nach obigen Worten
der in der Mitte und der rechts Handelnde
zur Feiergemeinschaft um.

Der in der Mitte Handelnde
spricht mit Segensgebärde:

Christus in euch.

Der ihm rechts mit Bezug auf den Opfertisch stehende erwidered:

Und deinen Geist erfülle Er.

[Pause].

Da vom Feiernde (immer in der Richtung zum Opfertisch gemeint) rechtsstehen Helfer spricht mit dem Gesichte zum Opfertisch:

Du ewiger Weltengrund,
Webend in Raumesweiten
Und in Zeitenfernen
Opfern die heiligsten Gefühle
Deiner Menschensprossen
Hingegebene Herzen.

Du schauest in die Schwächen
Dieser Herzen;
So ströme zu Dir auch
Die Sehnsucht dieser Herzen.

Der linksstehende Helfer spricht mit dem Gesichte zum Opfertisch:

Ja, so sei es.

Der Feiernde spricht mit dem Gesichte zum Opfertisch:

All unser Menschensein
Denke hin zu Christi Tat.

26

*Der rechts Handelnde
antwortet zur Feiergemeinschaft:*

Und deinen Geist erfülle er.

Beide wenden sich wieder zum Opfertisch um.

OPFERUNG

Der rechts Handelnde spricht zum Opfertisch hin:

Dir, ewiger Weltengrund,
webend in Raumesweiten
und in Zeitenfernen,
opfern die heiligsten Gefühle
deiner Menschensprossen
hingegebene Herzen.

Du schauest in die Schwächen
dieser Herzen;
so ströme zu dir auch
die Sehnsucht dieser Herzen.

Der links Handelnde spricht, zum Opfertisch hin:

Ja, so sei es.

*Der in der Mitte Handelnde spricht, sehr langsam,
zum Opfertisch hin:*

All unser Menschensein
denke hin zu Christi Tat.

sehr langsam

Unser Leib sehnet sich
Nach Christi Kraft
Unser Blut sehnet sich
Nach Christi Licht.   (mit erhobenen Armen)
In Deinen Sonnenhöhen
O Christus schaue
Auf das Opfer
    Unseres Menschenseins;
    Unseres beseelten Leibes,
    Unseres durchgeisteten Blutes.

    Sie seien in Dir
    Du seiest in ihnen.

Der rechtsstehende Helfer spricht mit dem Gesichte zum Opferlicht:

    Aus des Menschen Seelenopfer
    Aus des Menschen Geistesopfer
    Werde das wesenschaffende Liebefeuer
    Das walte von Mensch zu Gott
    Das walte von Mensch zu Mensch.

28

Unser Leib sehnet sich
nach Christi Kraft,
unser Blut sehnet sich
nach Christi Licht.

Mit erhobenen Armen und Blick zum Bild,
frei gesprochen:

In deinen Sonnenhöhen
o Christus,
schaue
auf das Opfer
unseres Menschenseins;
unseres beseelten Leibes,
unseres durchgeisteten Blutes.
Sie seien in dir,
Du seiest in ihnen.

Der rechts Handelnde spricht, zum Opfertisch hin:

Aus des Menschen Seelenopfer,
aus des Menschen Geistesopfer,
werde
das wesenschaffende Liebefeuer,
das walte von Mensch zu Gott,
das walte von Mensch zu Mensch.

Der linksstehende Helfer spricht mit dem Gesichte zum Opfertisch:

Ja, so sei es.

Der Feiernde wendet sich zur Gemeinde und spricht:

Christus in euch.

Der rechtsstehende Helfer wendet sich zur Gemeinde und spricht:

Und seinen Geist erfülle Es.

[Pause].

Der linksstehende Helfer spricht mit dem Gesichte zum Opfertisch:

Unser Denken leuchte

Dir entgegen

Unser Fühlen sehne

Sich nach Dir

Unser Wollen krafte

Nach Dir

Göttlicher Weltengrund.

Der links Handelnde spricht, zum Opfertisch hin:

Ja, so sei es.

*Der in der Mitte und der rechts Handelnde
wenden sich zur Feiergemeinschaft um,
der in der Mitte spricht
mit Segensgebärde:*

Christus in euch.

*Der rechts Handelnde antwortet
zur Feiergemeinschaft:*

Und deinen Geist erfülle er.

Beide wenden sich zum Opfertisch zurück.

WANDLUNG

Der links Handelnde spricht, zum Opfertisch hin:

Unser Denken leuchte
dir entgegen,
unser Fühlen sehne sich
nach dir,
unser Wollen krafte
nach dir,
göttlicher Weltengrund.

Der rechtsstehende Helfer spricht mit dem Gesichte zum Opfertische:

Unser Schicksal walte
mit Dir
Unser Leben fliesse
In Dir
Unser Sehnen trachte
Nach Dir
Christus, Du Walter für uns.

Der Freunde spricht mit dem Gesichte zum Opfertisch:

Er hat sich geeint
Bevor Er hingieng
Zum Menschentode
mit den Seinen.

Er weihte Seinen Leib
Dem Träger Seiner Seele
Dem göttlichen Wellengrund

Er weihte Sein Blut
Dem Träger Seines Geistes
Dem Lichte des Wellengrundes

Und so gab Er Sich hin
Den Seinen.

Der rechts Handelnde spricht, zum Opfertisch hin:

Unser Schicksal walte
mit dir,
unser Leben fließe
in dir,
unser Sehnen trachte
nach dir,
Christus,
du Walter für uns.

*Der in der Mitte Handelnde spricht,
zum Opfertisch hin:*

Er hat sich geeint,
bevor er hinging
zum Menschentode,
mit den Seinen.

Er weihte seinen Leib
- den Träger seiner Seele -
dem göttlichen Weltengrund.
Er weihte sein Blut
- den Träger seines Geistes -
dem Lichte des Weltengrundes.
Und so gab er sich hin
den Seinen.

So lasset in Geistes - Wandelung

Unseren Leib

Unserer Seele Träger

Unser Blut

Unseres Geistes Träger

Werden Seinen Leib

Werden Sein Blut.

Er sprach :

Nehmet hin ;

Seine Gnade lasse uns sprechen

Nimm hin :

Wir möchten

Dir geben :

Das Opfer

Im Lichte

Deines Opfers

Suchend unser Sein

In Deinem Sein.

Christus walte

Heil - tragend

In unserer Seele

Kraft spendend

In unserem Geiste.

Der rechtstehende Helfer spricht (Gesicht zum Opfertisch)

Christus ist in uns

34

So lasset in Geistes-Wandelung
unseren Leib
- unserer Seele Träger - ,
unser Blut
- unseres Geistes Träger -
werden seinen Leib,
werden sein Blut.

Er sprach:
Nehmet hin;
seine Gnade lasse uns sprechen:
Nimm hin.

Wir möchten
dir geben
das Opfer,
im Lichte deines Opfers,
suchend unser Sein
in deinem Sein.

Christus walte
Heil-tragend in unserer Seele,
Kraft spendend in unserem Geiste.

Der rechts Handelnde spricht zum Opfertisch hin:

Christus ist in uns.

Sein Licht leuchtet

Seine Gnade wallet

Seine Kraft webet allhier.

Der linksstehende Helfer spricht (Gebückt zum Opfertisch):

Der Geist-gott

Walte über unser Denken

Webe in unserem Fühlen

Wirke aus unserem Wollen.

Der Feiernde wendet sich zur Gemeinde und spricht,

Christus in euch

Der rechtsstehende Helfer wendet sich zur Gemeinde und erwidert

Und deinen Geist erfülle Er.

Der linksstehende Helfer zur Gemeinde:

Ja so sei es.

(Pause).

Sein Licht leuchtet,
seine Gnade waltet,
seine Kraft webet allhier.

Der links Handelnde spricht, zum Opfertisch hin:

Der Geist-Gott
walte über unser Denken,
webe in unserem Fühlen,
wirke aus unserem Wollen.

*Alle Handelnden wenden sich
zur Feiergemeinschaft um.
Der in der Mitte Handelnde spricht
mit Segensgebärde:*

Christus in euch.

*Der rechts Handelnde antwortet
zur Feiergemeinschaft:*

Und deinen Geist erfülle er.

Der links Handelnde spricht:

Ja, so sei es.

*Alle Handelnden wenden sich
wieder zum Opfertisch.*

Der linksstehende Helfer, gewischt zum Opfertisch:
O Christus, Du hast

In unerschöpflicher Güte
In unermesslicher Liebe
In grenzenloser Gnade
Den Frieden gegeben
Den Deinigen ... ...

Der rechte Helfer, gewischt zum Opfertisch, setzt fort:

So mache unseren Geist
Hell von Licht erfüllt

So mache unser Wort
Rein von Gedanken erfüllt

So mache unser Herz
Lauter und sündenrein

Der Feiernde, gewischt zum Opfertisch:

Christus in uns
Sein heller, lichterfüllter Geist
In unsrem Geiste

KOMMUNION

Der links Handelnde spricht, zum Opfertisch hin:

O Christus,
du hast
in unerschöpflicher Güte,
in unermesslicher Liebe,
in grenzenloser Gnade,
den Frieden gegeben
den Deinigen ...

*Der rechts Handelnde spricht
unmittelbar anschließend,
zum Opfertisch hin:*

So mache unseren Geist
hell von Licht erfüllt,
so mache unser Wort
rein von Gedanken erfüllt,
so mache unser Herz
lauter und sündenrein.

*Der in der Mitte Handelnde spricht langsam,
zum Opfertisch hin:*

Christus in uns.
Sein heller, lichterfüllter Geist
in unserem Geiste,

Seine reinen, seelewarmen Gedanken
In unsrer Seele

Sein lautres, sündenreines Herz
In unsrem Herzen.

Christus, wir empfangen Dich
Zur Gesundung unseres Leibes
Zur Gesundung unsrer Seele
Zur Gesundung eures Geistes.

Der linksstehende Helfer, Gesicht zum Opfertisch:

Ja, so sei es.

Der rechtsstehende Helfer geht zu jedem Gemeinde mitgliede
berührt mit zwei Fingern dessen Stirn und spricht:

Christi Geist lebe in dir

Das Gemeindemitglied erwiedert:

Ich ~~darf~~ empfangen Christi Geist.

seine reinen, seelewarmen Gedanken
in unserer Seele,
sein lautres, sündenreines Herz
in unserem Herzen.

Christus,
wir empfangen dich:
Zur Gesundung unseres Leibes,
zur Gesundung unserer Seele,
zur Gesundung unseres Geistes.

Der links Handelnde spricht, zum Opfertisch hin:

Ja, so sei es.

Der Kommunionsakt.
Alle drei Handlungshaltende
wenden sich zur Feiergemeinschaft um.
Zur Kommunion
stehen die dazu bereiten Teilnehmer auf,
bzw. sitzen in der ersten Reihe.

Der rechts Handelnde geht zu ihnen,
berührt mit folgenden Worten
deren Stirn mit Zeige- und Mittelfinger:

Christi Geist lebe in dir.

Der Empfangende antwortet:

Ich darf empfangen
Christi Geist.

Nach Absolvierung geht der rechtsstehende Helfer an sein

Platz zurück (es kann hier Musik eingefügt werden).

Dann Schluß:

Der Feiernde, Gesicht zur Gemeinde:

Christus in euch

Der rechtsstehende Helfer, Gesicht zur Gemeinde:

Und deinen Geist erfülle Er.

Der linksstehende Helfer zur Gemeinde.

Nehmet hin dies

Als die opfernde Tat

der Menschenseele.

Der rechtsstehende Helfer, zur Gemeinde.

Ja, so sei es.

SCHLUSS

Alle Handelnden wenden sich
zur Feiergemeinschaft um.
Der in der Mitte Handelnde spricht
mit Segensgebärde:

Christus in euch.

Der rechts Handelnde antwortet:

Und deinen Geist erfülle er.

Der links Handelnde spricht:

Nehmet hin dies,
als die opfernde Tat
der Menschenseele.

Der rechts Handelnde spricht:

Ja, so sei es.

Die Handelnden wenden sich
wieder zum Opfertisch hin.
Die Handlungsbücher werden geschlossen.

Musik möglich.

Die Feiergemeinschaft verlässt den Raum.

Danach werden die Kerzen
vom links Handelnden gelöscht.
Die Handelnden verlassen ihre Plätze am Opfertisch.

Arbeitsmaterial zur Kultus-Frage

Was in der Entwicklung der Christenheit
als Sehnsucht und Streben
nach Laien-Priestertum
immer wieder erstand
- allerdings auch immer wieder verfolgt
und schließlich zum Verschwinden
gebracht wurde -,
das hat hier durch Rudolf Steiner
eine neue Keimlegung erfahren ..

Maria Röschl-Lehrs

Original Rudolf Steiner,
1923 den freien christlichen Religionslehrern
der Freien Waldorfschule in Stuttgart gegeben.

Der Originaltext Steiners
ist in der Schriftart Palatino gesetzt.

Siehe Original-Text u. a. in :
Rudolf Steiner, »Ritualtexte für die Feiern des freien christlichen
Religionsunterrichtes«
GA 269 (1997), S. 63-79, handschriftliches Original (Faksimile),
Rudolf Steiner-Nachlassverwaltung: Archiv-Nrn. NZ 5385-5389.

Liturgie-Lesefassung :
Initiative, freie christliche Arbeits-Gemeinschaft (IfcAG)

Handlungsanweisungen:
gemäß Rudolf Steiner und der gegenwärtigen Praxis
insbesondere in den Freien Waldorfschulen.
(Original sind keine vollständigen Anweisungen gegeben.
Siehe Hinweise von Herbert Hahn in GA 269, S. 112-116.)

Ergänzungen / Hinweise unsererseits
sind mit »IfcAG« (= Initiative, freie christliche Arbeits-Gemeinschaft)
gekennzeichnet

Anpassungen an die Grammatik, s.S. 78.

Der linksbündig gesetzte Text wird vom links
vor dem Opfertisch stehenden Handelnden gesprochen,
der rechtsbündige vom Rechten,
der zentrierte vom Mittleren.

Kapiteltitelbild : Arild Rosenkrantz - 3. Siegel :
OPFERFEIER
»Die vier Reiter«
- Vier Stufen -

Siehe alle Symbole aller Sakramente
mit Erläuterung im kommentierten Kultus-Handbuch.

HINWEISE zur Handhabung

DREHUNGEN

Der die Handlung in der Mitte Vollziehende wendet sich immer gegen den Uhrzeigersinn, so dass er insgesamt einen ganzen Kreis beschreibt.

Die rechts und links Handelnden bewegen sich so, dass sie jeweils nur einen Halbkreis hin und den gleichen Weg zurück machen. Dabei drehen sie sich immer zur Mitte.

SEGENSGESTE

Zu den im Laufe der Opferfeier fünfmal wiederholten Worten: »Christus in euch« hat Rudolf Steiner die folgende Haltung angegeben:

Die Arme werden nur halb erhoben (die Ellenbogen sind angezogen), die Handflächen sind segnend nach außen gewendet; die geschlossen gehaltenen Finger leicht nach vorne gekrümmt.

Nach der Antwort »Und deinen Geist erfülle er.« wird die Geste zurückgenommen. (Mit der Antwort ist nicht der Geist des Handelnden, sondern der der Teilnehmer gemeint.)

KOMMUNIONSAKT

Der rechts Handelnde berührt mit dem Zeigefinger und mit dem Mittelfinger zusammen die Mitte der Stirn des Kommunikanten, indem er frontal zum Kommunikanten steht. Die Berührung kann so lange dauern, bis die Worte »Christi Geist lebe in Dir« gesprochen sind. Sie kann auch nur für den Augenblick eines Wortes währen.

EINLASS / AUSGANG

Alle Teilnehmer (Schüler/Erwachsene) gehen zusammen herein.

Diejenigen die zur Kommunion gehen wollen, setzen sich in die erste Reihe, bzw. stehen dazu auf, während die Anderen sitzen bleiben.

Der Einlass/Ausgang findet ohne Worte statt.

Üblicherweise stehen die Handlungshaltenden beim Einlass bereits am Altar und verlassen diesen wenn alle wieder draussen sind.

Es sind aber auch Formen des gemeinsamen Handelns möglich, indem alle mit den Handelnden gemeinsam beginnen / enden und diese aus den Reihen aller kommen, sowie dass man mehr in einer Kreisform sitzt (IfcAG), etc.!

Die Opferfeier kann in verschiedenen Formen gestaltet werden.
In der IfcAG (aber auch schon an bestimmten Waldorfschulen)
nutzen wir die Kreis-Form (siehe S. 54).

Wenn sie individuell oder alleine oder im kleinsten Kreis gehalten wird,
sind dementsprechende Formen aufzufinden.

Die Praxis zeigt,
dass oftmals das Bedürfnis besteht,
sich täglich in die Opferfeier zu vertiefen,
der Alltag aber die Länge nicht zulässt.
Um dennoch die Kontinuität zu halten,
ist ggf. eine konzentrierte Fassung
- jeweils ein Satz aus den vier Teilen - sinnvoll.
Hier eine Fassung aus der IfcAG.

* ! ? *(IfcAG)*

Initiative für ein freies,
anthroposophisch + sakramental vertieftes
Christ-Sein heute

Die Opferfeier
in konzentrierter Fassung (lfcAG)

Der Vatergott sei in uns,   *(Einstimmung)*
der Sohnesgott schaffe in uns,
der Geistgott erleuchte uns.

Christi Taten auf Golgatha   *(Evangelium)*
(und nun im Ätherischen *)
   stehen vor unseren Seelen.

Du schauest in die Schwächen   *(Opferung)*
   dieser Herzen;
So ströme zu dir auch
   die Sehnsucht dieser Herzen.

ER sprach: *(Wandlung)*
   Nehmet hin;
seine Gnade lasse uns sprechen:
   Nimm hin.

Christus,   *(Kommunion)*
   wir empfangen dich:
Zur Gesundung
   unseres Leibes,
   unserer Seele,
   unseres Geistes.

Ggf. die Kommunionshandlung / Antwort:

Christi Geist lebe in (mir / uns) dir !
(*oder:* Christus in mir / euch / dir !)
Ja, so sei es! !   *(Schluss)*

Einschub zu Pfingsten

Original Rudolf Steiner,
den freien christlichen Religionslehrern
der Freien Waldorfschule in Stuttgart gegeben.

Siehe Original-Text u.a. : GA 269 (1997), S. 45-46.

Siehe auch im Kultushandbuch »Die Sakramente...«,
und »Zur Bearbeitung / Herausgabe der Texte Rudolf Steiners«, S. 78,
oder in der kommentierten Fassung der Opferfeier, in »Die Opferfeier...«.

Komm, Heiliger Geist, du Schaffender,
komm, deine Seelen suche heim;
mit Gnaden-Fülle segne sie,
die Brust, die du geschaffen hast.

Du heißest Tröster, Paraklet,
des höchsten Gottes Hoch-Geschenk,
lebend'ger Quell und Liebes-Glut
und Salbung heil'ger Geistes-Kraft.

Du siebenfaltiger Gaben-Schatz,
du Finger Gottes rechter Hand,
von ihm versprochen und geschickt,
der Kehle Stimm' und Rede gibst.

Den Sinnen zünde Lichter an,
dem Herzen frohe Mutigkeit,
dass wir, im Körper Wandelnden,
bereit zum Handeln sei'n, zum Kampf.

Den Feind bedränge, treib ihn fort,
dass uns des Friedens wir erfreun
und so an deiner Führer-Hand
dem Schaden überall entgehn.

Vom Vater uns Erkenntnis gib,
Erkenntnis auch vom Sohn zugleich,
uns, die dem beiderseit'gen Geist
zu allen Zeiten gläubig flehn.

Darum sei Gott dem Vater Preis,
dem Sohne, der vom Tod erstand,
dem Paraklet, dem Wirkenden,
von Ewigkeit zu Ewigkeit.

FRAGEN zur Praxis

ANGABEN UND HINWEISE ZUR LITURGISCHEN PRAXIS

Diese betreffen die offizielle, traditionelle Handhabung wie - in der Regel - in den Waldorfschulen und heilpädagogischen Heimen.

Für deren - (meist) konservative - Praxis liegen uns *grundsätzliche* Anregungen und Angaben Rudolf Steiners vor, wovon folgend die wichtigsten herausgegriffen sind.

Offiziell liegen die Angaben für die Schulhandlungen in den »Hinweisen zu den Handlungen des freien christlichen Religionsunterrichts und zur Raumgestaltung«, Ausarbeitung der Angaben von Herbert Hahn durch Helmut von Kügelgen, als interne Ausgabe für die freien christlichen Religionslehrer vor, herausgegeben von der Pädagogischen Sektion der Freien Hochschule, Goetheanum, CH-4143. Innerhalb der Gesamtausgabe finden Sie die Angaben in der GA 269 !

Innerhalb eines freien oder privaten Rahmens muss die Praxis den Möglichkeiten und Bedürfnissen aller Beteiligten entsprechend angepasst werden. Und - für uns - grundsätzlich: Eine dogmatische Festlegung darf es nicht geben (sondern freies Handeln aus Erkenntnis!) .

Farben und Gewänder - Altargestaltung

ZUR KLEIDUNG

Bezweckt ist, dass das Überpersönliche des Kultusdienstes deutlich wird, in dem der Handelnde nur dienendes Werkzeug, Sprachrohr ist. Die Subjektivität der "farbigen" Individualität tritt zurück.

Folgendes sind Angaben und Gepflogenheiten für die Schulhandlungen (mit der Opferfeier).

Grundsätzlich entsprechen sie jedoch dem neutralen, vermittelnden, selbstlosen Charakter des allgemeinpriesterlichen Handelns.

Die Kleidung der männlichen Handlungshaltenden
ist ein einfacher, **schwarzer** Anzug mit weißem Hemd,
evtl. mit schwarzer Krawatte und / oder ggf. mit
schwarzem Pullover darüber, oder nur weißen / schwarzen
Rollkragenpulli.
Die Frauen wählen ein schwarzes **Kostüm** oder einen
schwarzen Hosenanzug, mit weißer Bluse und dunklen
Strümpfen.
Die Einlassenden, bzw. Helfer sind ebenfalls festlich,
aber dezent gekleidet.

Speziell für die - traditionell gehaltenen -
Schulhandlungen:

ZUR FARBE VON RAUM UND ALTAR

Der ganze Altar und auch der ganze Handlungsraum
sind **rot** ausgestattet,
ein kraftvoll wirkendes Rot, weder Zinnober noch Karmin.
Die Kerzenständer auf dem Altar sind **schwarz**,
die Kerzen **weiß**, der Bilderrahmen des Altarbildes
zeigt ein helles **Blau.**

Zur Bedeutung der Farben:

weiß: Seele erlebt Geist,
schwarz: das Ich hält sich im Geist,
rot: Glanz des Lebens;

bzw. schwarz: die nach innen gekehrte Geistigkeit,
weiß: die nach außen gekehrte Geistigkeit.

Zur ALTAR-Gestaltung

Für die Maße des Altares, der Kerzen, des Bildes, etc.
liegen zentimetergenaue Hinweise mit Zeichnungen vor.
Seit Begründung wurde daran nichts geändert.
Sieben gleichgroße **Kerzen** sind in einem stumpfen Winkel
nach vorn zur Feiergemeinschaft hin aufgestellt.
Die Ständer werden zur Mitte hin kleiner.
Über dem Altar hängt ein **Bild** des **Christus**-Kopfes
von Leonardo da Vinci (Brera Pinakothek, Mailand)
oder - für Handlungen außerhalb der Schule (IfcAG) -
der Christus-Kopf aus Rudolf Steiners »Gruppe«.
Blumenschmuck direkt auf dem Altar ist nicht vorgesehen.

Opferfeier-KREIS

Wenn Sie nun die Opferfeier weitertragen wollen,
aus dem Schulzusammenhang heraus in den möglichen
Rahmen initiativer, anthroposophischer Gemeinschaft
oder auch privat, oder meditativ feiern wollen,
sollten und könnten Sie eine »Fortsetzung«
zumindest schon in der *Form* suchen.

Aus der Erarbeitung der »Initiative, freie christliche
Arbeits-Gemeinschaft« ergab sich die **Kreis-Form**.
Die Kreisform wird vor allem privat, in Kleingruppen,
aber teils auch schon schulisch gehandhabt !
Es müsste für die Kreisform noch nicht einmal
das bisher Gegebene prinzipiell verändert werden:
Denken wir uns alles nur *kleiner*, konzentriert,
aus dem frontalen Geschehen in die Mitte,
bzw. in die Runde des Kreises gestellt, der nun
wie ein Brennglas die Wirkungen pfingstlich bündelt.

Es kann also - wenn gewollt - "alles beim Alten bleiben":
- der Altar = als Tisch in der Mitte/in der Runde;
- die rote Altar- und Raumfarbe = als rotes Tischtuch;
- die schwarzen Kerzenständer = als ggf. schwarzer, sieben-
armiger Kerzenständer (mit sieben weißen Kerzen);
- das Christusbild = als Bild in einem Stehrahmen
vor dem Kerzenständer.

Andererseits gibt es auch die Praxis,
dass *alle* Äußerlichkeiten irrelevant
und nach innen genommen werden,
sodass die Gemeinschaft z. B. nur in einem Kreis steht;
oder die Feier letztlich auch alleine (z. B. ggf. mit
Verstorbenen und / oder aus der räumlichen Ferne innerlich
Teilnehmenden) meditativ vollzogen wird.

In der individuellen und konkreten Praxis
können und müssen die verschiedenen Details dieser
entsprechend bedacht, erfühlt und erprobt werden.
Jede Gemeinschaft hat ihre eigenen Möglichkeiten und
Bedingungen, wobei selbstverständlich auch Absprachen
- und damit eine übergeordnete kultische Gemeinsamkeit -
möglich sind.
Der Grundsatz:
Es muss authentisch und als wahr und wirksam erlebt
und 'frei' ergriffen werden.

V.D. Lambertz
Initiative, freie christliche Arbeits-Gemeinschaft

Diese Handlung
kann überall gehalten werden,
wo Menschen sind,
die sie wünschen.

Rudolf Steiner,
lt. Maria Röschl-Lehrs, GA 269, S. 125

Jeder Mensch ..werde.. ein Priester!

Göttliches Licht,
Christus-Sonne,
Erwärme
Unsere Herzen;
Erleuchte
Unsere Häupter;
Dass gut werde,
Was wir
Aus Herzen gründen,
Was wir
Aus Häuptern
Zielvoll führen wollen.

Rudolf Steiner
Grundstein zur Weihnachtstagung der AAG, 1923

Arbeitsmaterial zur Kultus-Frage

Die Perikopen
für die Opferfeier

23 Καὶ στραφεὶς
Und sich gewendet habend

πρὸς τοὺς μαθητὰς
zu den Jüngern

κατ᾽ ἰδίαν εἶπεν·
für sich sagte er:

μακάριοι οἱ ὀφθαλμοὶ
Selig die Augen

οἱ βλέποντες ἃ βλέπετε.
- sehenden, was ihr seht.

Und als er sich zu den Jüngern
gewendet hatte,
sagte er für sich:

Selig sind die sehenden Augen,
(die sehen) was ihr seht.

Der Jahres-Festkreis

Nach alter, weisheitsvoller Tradition
beginnt das Kirchenfestjahr mit

ADVENT
beginnt mit dem 1. Advent
und endet mit dem »Heiligen Abend«.

WEIHNACHTEN
beginnt mit der Mitternachtshandlung am 24.12.
und dauert bis zum 5.1.

EPIPHANIAS
wird ab 6.1. vier Wochen lang
(bis 4. So. nach Epiphania) gefeiert.

TRINITATIS-ZEIT I
Die Zeit zwischen den Festen
tritt hier zum ersten Mal im Jahr auf
(2021: Septuagesima bis Reminiscere)
und währt bis zur

PASSIONSZEIT
ab Sonntag, drei Wochen vor der Karwoche,
die in der Karwoche selbst gipfelt,
(Oculi bis Palmarum) und mit Karsamstag endet,
um aufzuerstehen in die

OSTERZEIT
ab Ostersonntag für 40 Tage,
bis am Tage vor Himmelfahrt.

HIMMELFAHRTSZEIT
bis Pfingsten dauert diese Zeit *(mit Exaudi)*
nur 10 Tage.

PFINGSTEN
währt ebenso 4 Wochen, dann folgt ggf. die

TRINITATIS-ZEIT II
bis zur

JOHANNI-ZEIT
Sie beginnt mit dem Sonntag
nach dem Johannitag (24.6.)
und dauert vier Wochen *(bis 7. So. n. Trinitatis)*.

Dem folgt eine weitere "festlose"
TRINITATIS-ZEIT III
(8. So. n. Trinitatis) sie währt bis

MICHAELI
diese neue Festzeit beginnt
wieder mit dem Sonntag
nach diesem Festtag (29.9.)
und wird vier Wochen lang *(21./22. So. n. Trinitatis)*
gefeiert.

Die nun folgende
TRINITATIS-ZEIT IV
bildet den Abschluss des kultischen Jahres
und leitet über zur Adventszeit.

*Diese Zeiten sind der Rhythmik entnommen,
wie sie Rudolf Steiner u.a. der »Christengemeinschaft«
mitteilte.*
*Im »freien christlichen« Impuls
wird Epiphanias und Trinitatis durchgezählt!*

DIE PERIKOPEN
DES JAHRESLAUFES
in der altkirchlichen
und frei christlich ergänzten Fassung
Rudolf Steiners

1. Advent
Matthäus 21, 1-11 :
Vom Einzug in Jerusalem

2. Advent
Matthäus 11, 2-15 :
Von Johannes dem Täufer

3. Advent
Johannes 1, 19-28 :
Der Täufer über sich selbst

4. Advent
Lukas 1, 26-38 :
*Die Verkündigung
Gabriels*

**Weihnachten -
Heilig Abend**
Lukas 2, 1-20 :
*Die Weihnachtsgeschichte
der Hirten*

**Sonntag
vor Neujahr ***
Matthäus 1, 18-25 :
Jesu Geburt

Silvester *
Johannes 4, 7-21 :
*Wer liebt, empfängt
Die Samaritanerin*

Neujahr
Johannes 1, 1-18 :
*Der Anfang
des Johannes-Evangeliums*

**Sonntag
vor Epiphanisa ***
Lukas 2, 21-35 :
*Darstellung im Tempel,
Simeon*

Epiphanias
Matthäus 2, 1-12 :
*Die Weisen
aus dem Morgenland*
oder
Matthäus 3, 13-17 :
Die Taufe im Jordan

**1. Sonntag
nach Epiphanias**
Lukas 2, 41-52 :
*Als Jesus
12 Jahre alt war*

2. Sonntag
nach Epiphanias
Johannes 2, 1-11 :
Von der Hochzeit zu Kana

3. Sonntag
nach Epiphanias
Matthäus 8, 1-13 :
Der Hauptmann
zu Kapernaum

Damaskustag *
Apostelgeschichte
26, 1-20 :
Paulus spricht
über sich selbst

4. Sonntag
nach Epiphanias
Matthäus 8, 23-34 :
Jesus stillt den Sturm
und heilt Besessene

5. Sonntag
nach Epiphanias
Matthäus 13, 24-30 :
Vom Unkraut im Acker

6. letzter Sonntag
nach Epiphanias
Matthäus 13, 31-35 :
Vom Senfkorn
und Sauerteig

Septuagesima
3. Sonntag vor Passion
Matthäus 20, 1-16 : ↗

Von den Arbeitern
im Weinberg

Sexagesima
2. Sonntag vor Passion
Lukas 8, 4-15 :
Das Gleichnis
vom Sämann

Quinquagesima /
Estomihi
Sonntag vor Passion
Lukas 18, 31-43 :
Leidensverkündigung
und Blindenheilung

Invocavit
1. Sonntag der Passionszeit
Matthäus 4, 1-11 :
Von der
Versuchung Jesu

Reminiscere
2. Sonntag Passion
Matthäus 17, 1-9 :
Von der
Verklärung Christi

Oculi
3. Sonntag Passion
Lukas 11, 14-28 :
Von der Austreibung
eines Teufels

Laetare
4. Sonntag Passion
Johannes 6, 1-15 :
Von der Speisung
der 5000

Judica
5. Sonntag Passion
Johannes 8, 46-59 :
Ehe Abraham war, bin ich
oder
Johannes 8, 2-12 :
*Jesus
und die Ehebrecherin,
Licht der Welt*

Palmarum
6. Sonntag Passion
Johannes 12, 12-18 :
Einzug in Jerusalem
oder
Matthäus 21, 1-11 :
Einzug in Jerusalem

Karmontag *
Markus 11, 12-25 :
*Verfluchung
des Feigenbaumes,
Tempelreinigung*

Kardienstag *
Lukas 21, 15-36 :
*Aus der
Ölberg-Apokalypse*

Karmittwoch *
Markus 14, 1-11 :
*Salbung in Bethanien,
Verrat des Judas*

Gründonnerstag **
Matthäus 26, 20-29 : ↗

*Ankündigung Verrat
Judas - Abendmahl*
oder **
Markus 14, 22-25 :
Abendmahl
oder **
Lukas 22, 14-20 :
Abendmahl
oder *
Johannes 13, 1-20 :
Die Fußwaschung
oder **
Johannes 17, 1-26 :
*Das
Hohepriesterliche Gebet*

Karfreitag *
Johannes 19, 1-18 :
Jesus vor Pilatus
oder **
Lukas 23, 33-47 :
Die Kreuzigung
oder **
Johannes 19, 25-42 :
*Jesus am Kreuz ,
Grablegung*

Karsamstag *
Johannes 19, 25-42 :
*Jesus am Kreuz,
Grablegung*

Ostersonntag

Matthäus 28, 1-15 :

Er ist auferstanden

oder **

Johannes 20, 1-22 :

Auferstanden

Ostermontag *

Markus 16, 9-16 :

*Er ist vom Tode
auferstanden*

Quasimodo geniti
1. Sonntag nach Ostern

Johannes 20, 19-31 :

Selig, die nicht sehen

Misericordias domini
2. Sonntag nach Ostern

Johannes 10, 11-18 :

Vom guten Hirten

Jubilate
3. Sonntag nach Ostern

Johannes 16, 16-23 :

*Euer Herz
wird sich freuen*

Cantate
4. Sonntag nach Ostern

Johannes 16, 5-15 :

*Der Geist der Wahrheit
kommt*

Rogate
5. Sonntag nach Ostern

Johannes 16, 23-33 :

Bittet in meinem Namen

Himmelfahrt

Apostelgeschichte
1, 3-12 :

*Abschiedsworte
und Himmelfahrt*

oder

Markus 16, 14-20 :

Aussendung der Jünger

Exaudi
6. Sonntag nach Ostern

Johannes 15,
26-16,4:

*Wenn der Tröster
kommen wird*

Pfingstsonntag

Apostelgeschichte
2, 1-12 :

*Ausgießung
des Hl. Geistes*

oder *

Goethe :

Veni Creator Spiritus

Pfingstmontag

Johannes 14, 23-31 :

*Meinen Frieden
gebe ich euch*

Trinitatis
Tag der Dreieinigkeit

Johannes 3, 1-16 :

*Nikodemus
kommt bei Nacht*

oder   →

Matthäus 28, 16-20 :
Aussendung der Jünger

1. Sonntag
nach Trinitatis
Lukas 16, 19-31 :
Vom reichen Mann
und armen Lazarus

2. Sonntag
nach Trinitatis
Lukas 14, 15-24 :
Vom großen Gastmahl

3. Sonntag
nach Trinitatis
Lukas 15, 1-10 :
Gleichnis
vom verlorenen Schaf

Johanni *
Markus 1, 1-11 :
Von Johannes dem Täufer

4. Sonntag
nach Trinitatis
Lukas 6, 36-42 :
Richtet nicht

5. Sonntag
nach Trinitatis
Lukas 5, 1-11 :
Vom reichen Fischfang

6. Sonntag
nach Trinitatis
Matthäus 5, 20-26 :
Wer seinem Bruder zürnt

7. Sonntag
nach Trinitatis
Matth. 9, 35-10,1 :
Die Ernte ist reif
ggf. zusätzlich
Matthäus 10, 2-4 :
Die Namen der 12 Jünger

8. Sonntag
nach Trinitatis
Matthäus 7, 13-23 :
An ihren Früchten
sollt ihr sie erkennen

9. Sonntag
nach Trinitatis
Lukas 16, 1-13 :
Vom ungerechten
Verwalter

10. Sonntag
nach Trinitatis
Lukas 19, 41-48 :
Wehruf über Jerusalem

11. Sonntag
nach Trinitatis
Lukas 18, 9-14 :
Gebet des Pharisäers
und des Zöllners

12. Sonntag
nach Trinitatis
Markus 7, 31-37 :
Heilung
des Taubstummen

13. Sonntag
nach Trinitatis

Lukas 10, 23-37 :
Vom barmherzigen
Samariter

14. Sonntag
nach Trinitatis

Lukas 17, 11-19 :
Die Heilung
der 10 Aussätzigen

15. Sonntag
nach Trinitatis

Matthäus 6, 24-34 :
Lasst euch nicht
von Sorgen beherrschen

16. Sonntag
nach Trinitatis

Lukas 7, 11-17 :
Die Auferweckung
des Jünglings zu Nain

17. Sonntag
nach Trinitatis

Lukas 14, 1-11 :
Heilung
des Wassersüchtigen

Michaeli *

Apokalypse 12, 1-17 :
Es entbrannte ein Kampf
in den Himmeln

18. Sonntag
nach Trinitatis

Matthäus 22, 34-46 :
Die größten Gebote
des Gesetzes

19. Sonntag
nach Trinitatis

Matthäus 9, 1-8 :
Die Heilung
des Gelähmten

20. Sonntag
nach Trinitatis

Matthäus 22, 1-14 :
Die Gäste
des Hochzeitsfestes

21. Sonntag
nach Trinitatis

Matthäus 22, 1-14 :
Die Heilung
des Sohnes des Beamten

22. Sonntag
nach Trinitatis

Matthäus 18, 21-35 :
Vom
unbarmherzigen Knecht

23. Sonntag
nach Trinitatis

Matthäus 22, 15-22 :
Von der Steuer

24. Sonntag
nach Trinitatis
Matthäus 9, 18-26 :
Die Auferweckung
der Tochter eines Obersten

25. Sonntag
nach Trinitatis
Matthäus 25, 14-30 :
Aus der
Matthäusapokalypse

26. Sonntag
nach Trinitatis
Matthäus 25, 31-46 :
Scheidung
der Schafe und Böcke

Buß- und Bettag *
Lukas 13, 1-9 :
Schicksal
und Sinneswandlung

Totensonntag
Apokalypse 7, 9-17 :
Sie standen
vor dem Throne Gottes
oder
Apokalypse
21, 1-8 :
Das neue Jerusalem
und der zweite Tod

––––––––––––––––––––

Nach den Angabe Rudolf Steiners
für die »freien christlichen« Handlungen,
den »freien christlichen« Religionslehrern
der Freien Waldorfschule Stuttgart.

Siehe ALLE Texte in :

Die Perikopen
- in interlinearer Übersetzung
- in wortwörtlicher Übersetzung
Siehe Kap. BÜCHER, S. 77 .

Sie finden die aktuellen ZEITEN für die Lesungen,
im »**Liturgischen Kalender**« :

im Kultushandbuch »Die Sakramente...«,

in der kommentierten Fassung »Die Opferfeier...«,

oder in unserer Website : www.ForumKultus.info/
kultus---die-sakramente/evangelien/
→ als PDF direkt zum ausdrucken !

» Sprecht diese Worte so lange,
meine Menschenbrüder,
bis sie aufs neue
ihre Lebendigkeit
durch euch erhalten!
Wenn sie einst
in euch,
durch euch
so leben wie jetzt durch mich,
dann kommt das Reich des Vaters
zu euch und ihr zu ihm.
Lebet mit diesen Worten,
machet durch sie euch bereit,
ihnen ihre Magie zu nehmen
durch die Kraft
eurer Geisterkenntnis! «

Worte Christi an die Jünger

Judith von Halle
in «Das Vaterunser», S. 40.

Alle freie Religiosität,
die sich in der Zukunft
innerhalb der Menschheit
entwickeln wird,
wird darauf beruhen,
dass in jedem Menschen
das Ebenbild der Gottheit
wirklich in unmittelbarer Lebenspraxis,
nicht bloß in der Theorie,
anerkannt werde.
Dann wird es keinen Religionszwang
geben können,
dann wird es keinen Religionszwang
zu geben brauchen,
denn dann wird die Begegnung
jedes Menschen mit jedem Menschen
von vornherein
eine religiöse Handlung,
ein Sakrament sein,

und niemand
wird eine besondere Kirche,
die äußere Einrichtungen
auf dem physischen Plan hat,
nötig haben,
das religiöse Leben aufrechtzuerhalten.
Die Kirche kann,
wenn sie sich richtig versteht,
nur die eine Absicht haben,
sich unnötig zu machen
auf dem physischen Plane,
indem das ganze Leben
zum Ausdruck des Übersinnlichen
gemacht wird.

Rudolf Steiner
»Was tut der Engel in unserem Astralleib?...«, 9.10.1918

FORUM KULTUS
Initiative, freie christliche
Arbeits-Gemeinschaft

Initiatven für ein
freies,
anthroposophisch + sakramental vertieftes,
Christ-Sein heute

unübersehbar ..
ergibt sich als notwendig,
dass das christliche Freiheitselement
auch dem Wesen des Kultus,
dem Sakramentalismus
einverleibt werden muss.

Hella Wiesberger

Forum Kultus ✶ Leitsterne
im »freien christlichen« Impuls heute

2021-2

*Gott ist die Liebe!
Und wer in der Liebe ist,
der ist in Gott und Gott in ihm!* 1. Joh. 4,16

Jeder Mensch ..werde.. ein Priester!

✶ CHRIST-SEIN HEUTE

»Aus dem Ernst der Zeit muss geboren werden
der Mut zur Tat!« *(Rudolf Steiner)*
Anthroposophisch sakramentales Handeln
als michaelische, urielische,
zeitgemäß abgelauschte Antwort
und not-wendige Arznei
der aktuellen Erd- + Menschen-Not;

im geschwisterlich toleranten, überkonfessionellen
Zusammenwirken wacher Christen.

✶ DIE FREIHEIT DES CHRISTENMENSCHEN
UND DIE INDIVIDUELLE SITUATION

Der »ethische Individualismus« :
Handeln aus der »moralischen Intuition«.
Überkonfessionell + individuell + tolerant + frei.
Nicht Macht, Hierarchie, Institutionalisierung,
nicht die Dogmatik irgendeiner Religionsgemeinschaft,
sondern nur die *reale, individuelle Beziehung*
zur Geistigen Welt
ist der Maßstab des - vor allem sakramentalen -
Handelns und geistigen Strebens,
als Handelnder wie als Nachfragender;
allein IHM selbst bin ich unterworfen und ver-antwort-lich.

✶ DAS ALLGEMEINE CHRIST=PRIESTER-SEIN

Den Alltag spiritualisieren, sakramentalisieren;
geschwisterlich, liebevoll und heilend leben;
Gott in allem wahr-nehmen...   ➤

73

Heute brauchen *wir* keinen
zertifizierten Amts-Priester mehr,
der *allein* sakramental handeln kann und darf.
Das Ziel: *Jeder Mensch ein Priester*
- im Handeln aus Liebe!

»Allgemeines Priestertum«,
- das urchristliche, geschwisterliche "Laien"-Priestertum -
bedeutet nicht Dilettantismus, sondern ERhöhung,
ist Auf-Gabe,
Zukunft menschlichen Handelns und Seins.

✶ DIE ANTHROPOSOPHIE

Uns ist dabei die Anthroposophie ein *Erkenntniswerkzeug*,
die als eine undogmatische, interreligiöse
»Geisteswissenschaft«, als eine »Philosophie der Freiheit«,
als ein individueller Schulungsweg,
den Einzelnen in seinem Suchen und Finden
frei lässt, tiefste Einblicke und Erfahrungen eröffnet,
mit denen ich frei umgehe,
Ver-antwort-ung und Liebe erweckt
und zum *All-umfassenden Gottes-Dienst* wird.

Weil die »Anthroposophische Gesellschaft«
eine interreligiöse ist (und deshalb religiös neutral bleiben muss),
arbeiten wir als religiös-kultisch aktive Anthroposophen
autonom von dieser.

✶ DIE SAKRAMENTE
AUS DER QUELLE
DER FASSUNGEN RUDOLF STEINERS

Die Sakramente sind *Werkzeuge Gottes*,
»heilende Arznei« des Schöpfers allen Seins.
Diese Prozesse in Worte zu fassen,
erfordert einen tiefen Einblick in das Übersinnliche;
das trauen wir Rudolf Steiner zu.

Dennoch sind die durch ihn
kultushistorisch weitergeführten, freiheitlich gefassten,
allgemein-priesterlichen, sieben Sakramente
(mit der »Opferfeier« als Zentralsakrament,
als ein geschwisterlicher, »direkter Kultus«
[mit der »direkten Wandlung«]) »ein Anfang«,

74

der zeitgemäß »fortgesetzt« werden soll,
Inspirationsquellen, nicht apodiktische Dogmatik.

✴ CHRISTEN-GEMEINSCHAFT BAUEN!
 GEMEINSCHAFT FREIER CHRISTEN
 GESCHWISTERLICHE
 KULTUS-TRAGE-GEMEINSCHAFT

JCh + Du !
Es ist ein *Werden* in und aus LIEBE und FREIHEIT,
in der individuellen Gottverbundenheit,
aber auch der Gemeinschaft im Handeln,
im Wir liebevoller Verbundenheit
Seiner Christen-Gemeinschaft.

Dazu müssen - realistisch - Wege / Strukturen
praktiziert werden,
die ein destruktives Miteinander
durch einen persönlichen und gemeinsamen,
spirituellen und sozialen Schulungsweg verhindern!

De libertate christiana

www.ForumKultus.info

Initiatve für ein freies,
anthroposophisch + sakramental vertieftes
Christ-Sein heute

INFO-BÜCHER

SAKRAMENTE HEUTE
Der freie christliche Impuls Rudolf Steiners heute

FREI + CHRISTLICH
Der freie christliche Impuls Rudolf Steiners heute

ANTHROPOSOPHIE UND KIRCHE
Die Stellung der Kirche »Die Christengemeinschaft«
zur anthroposophischen Bewegung

FREI - CHRISTLICH
Zum freien christlichen Religionsunterricht
und dessen Handlungen in den Freien Waldorfschulen

GEMEINSCHAFT BAUEN
Karl Königs Camphill-Impuls

KULTUS-BÜCHER

DIE SAKRAMENTE
in der freien christlichen Fassung Rudolf Steiners heute
KULTUS-HANDBUCH, *in verschiedenen Ausführungen !*

DIE OPFERFEIER
für die »freie christliche« Handlung
in verschiedenen Ausführungen !

DIE BESTATTUNG - frei + christlich

DIE MENSCHENWEIHEHANDLUNG
der »Christengemeinschaft«

BESINNUNGS-BÜCHER

EIN BREVIER
für einen anthroposophischen,
freien christlichen Schulungs-Weg
in verschiedenen Ausführungen !

DIE PERIKOPEN
IN INTERLINEARER ÜBERSETZUNG - Gesamtausgabe

DIE PERIKOPEN
IN WORTWÖRTLICHER ÜBERSETZUNG - Lesefassung
in verschiedenen Ausführungen !

SEELISCHES BEOBACHTEN IM JAHRESLAUF

STIRB + WERDE - Die Karwoche

BASISWISSEN + QUELLEN

Kostenlos als **PDF** herunterladbar ! :

Die Basisbücher :
www.forumkultus.info/infos---buecher/basiswissen/

Die Quellen :
Die entsprechenden Bände der GA :
www.forumkultus.info/infos---buecher/quellen/

BÜCHER - LISTE
im Forum Kultus, DIN A5, 16 S., kostenlos.

Sämtliche Bücher - ausführlich aufgeführt -
finden Sie in unserer Website:

www.ForumKultus.info/infos---buecher/
Aktuelle Ankündigungen dort unter »Aktuelles« !

www.ForumKultus.info

Zur Bearbeitung
der Texte der Sakramente in der Fassung
Rudolf Steiners

Folgendes gilt auch für diese vorliegende Sonderausgabe
mit nur dem Text der Opferfeier... :

In Anwendung sind die Texte in der Fassung Rudolf Steiners,
wie sie sich u.a. auch im »Kurs über christlich-religiöses Wirken«
(GA 342-346) und in »Ritualtexte ...« (GA 269) finden.

Diese entsprechen nicht immer den Ritualtexten,
wie sie heute in der »Christengemeinschaft« benutzt werden,
da diese teils erst später gegeben, modifiziert, bzw. auch von ihr
selbst verändert wurden (siehe GA 343, S.10 unten).

Prinzipiell
wurden keinerlei Begriffe / Worte Rudolf Steiners verändert!

Unwesentliche Modifikationen (in der Regel betrifft dies
- Layout bedingt, und nicht extra erwähnt - die Zeilenumbrüche,
die Interpunktion) der Texte Rudolf Steiners
sind in den Fußnoten, bzw. Anmerkungen aufgeführt.

Die Interpunktion entspricht in der Regel nicht dem Urtext
Rudolf Steiners. Dort hat er oftmals keine oder nur vereinzelt
Satzzeichen angebracht.
Fehlen diese, wurden sie gemäß der heutigen Regeln
und dem Wesen des Textes entsprechend hinzugefügt.

Absätze, Zeilenumbrüche, Groß- / Kleinschreibung entsprechen
in der Regel den Vorgaben Rudolf Steiners.
Wo es für ein besseres Verständnis und die liturgische Praxis
angebracht erschien, sind die Zeilenumbrüche dem
entsprechend !

Allerdings schrieb Rudolf Steiner original den Zeilenanfang
fast immer groß.
Auf vielfachem Wunsch unserer Leser -
zur besseren Lesbarkeit, Verständlichkeit und Handhabung
und in Anpassung an die gegenwärtige Rechtschreibung -
wurde diese ehemals insbesondere für Gedichte benutzte Form
der Großschreibung in der Regel aktualisiert.

Wenn Sie die Änderungen im Detail nachverfolgen wollen,
vergleichen Sie bitte mit den angegebenen Quellen (GA) !

Zitate / Namen sind in » «,
Pointierungen, fragliche Begriffe in " " gesetzt.

Anmerkungen innerhalb von Zitaten oder Hervorhebungen
und auch alle anderen Beiträge sind,
wenn nicht anders gekennzeichnet, von V.D.Lambertz.

Innerhalb der Texte der SAKRAMENTE,
sind die originalen Texte Rudolf Steiners in der
Serifen-Schriftart **Palatino** *gesetzt,*
HANDLUNGSANWEISUNGEN *und redaktionelle Texte*
in der serifenlosen Schriftart SansLH
und INHALTLICHES *in* Century Gothic *,*
Gedichte / SPRÜCHE *in* **Bradley Hand.**

Handlungsanweisungen
liegen von Rudolf Steiner nicht immer formuliert vor.
Für Fehlendes wurde hier die aktuell gängige Praxis
- insbesondere in den Waldorfschulen, aber auch
der »Christengemeinschaft«, bzw. der IfcAG - dargestellt.

Alle Texte und Angaben OHNE GEWÄHR!

Wenn Sie Fehler entdecken
(bitte entschuldigen Sie diese = ehrenamtliche Nachtarbeit...)
oder Verbesserungsvorschläge haben,
bitte teilen Sie mir diese mit!!

Bearbeitungsstand dieser Ausgabe, wenn ohne Angabe:
11/2022. VDL

Rudolf Steiner

an der Plastik des Menschheitsrepräsentanten

Dank
dem, dem wir dies alles verdanken!

Kontakt

Förderkreis
FORUM KULTUS

Initiative, freie christliche Arbeits-Gemeinschaft

Initiativen für ein freies,
anthroposophisch + sakramental vertieftes
Christ-Sein heute

Büro: Herrensteig 18, D- 78333 Wahlwies
Volker David Lambertz

Team 'Roter Faden'
Volker Lambertz, Mikaela Spiridonowa,
Georg Burkhardt, Bertrand Martin,
Johanna Salomon

Anfragen gerne über
das Kontaktformular unserer Website:

www.ForumKultus.info / Kontakt /

oder EMail: Post@ForumKultus.info

Internet: www.ForumKultus.info

Bodensee, Advent 2022

Spendenkonto:

Förderkreis
für anthroposophisch kommunitäre
Sozial-Entwicklung e.V.

Förderkreis, Volksbank, D-78333 Stockach

IBAN : DE 66 6906 1800 0047 0824 20
BIC : GENODE61UBE

www.ForumKultus.info

Arbeitsmaterial zur Kultus-Frage

Arbeitsmaterial zur Kultus-Frage

FORUM
FREIER ✤ CHRISTEN

**Non nobis Domine, non nobis,
sed nomini tuo da gloriam.**